CONSIDÉRATIONS

SUR

L'Émigration Basque

A MONTÉVIDÉO,

SUIVIES D'UNE APPRÉCIATION JUSTIFICATIVE DES DÉMÊLÉS
QUE L'AUTEUR A EUS AVEC LE TRIBUNAL DE BAYONNE
AU SUJET DE CETTE ÉMIGRATION;

Par **F. BRIE.**

BAYONNE,
IMPRIMERIE ET LITHOGRAPHIE DE LAMAIGNERE,
RUE BOURG-NEUF, N° 66.

1841.

A mes Concitoyens.

Attaqué dans mon honneur, blessé dans mes intérêts par divers jugemens du Tribunal de Commerce de Bayonne, j'aurais pu me résigner au silence, si mes intérêts seuls eussent été compromis.

Mais l'honneur est une propriété dont on doit rendre compte à sa famille, à sa patrie, au monde entier, et surtout à soi-même. Le laisser attaquer, quand on a la conscience de n'avoir rien fait de contraire à ses prescriptions les plus rigoureuses, c'est accepter l'accusation, s'avouer coupable et faire acte de lâcheté.

Personne, je pense, n'est en droit de mettre en doute que je ne sois prêt à défendre le mien de quelque manière qu'on l'attaque.

Il existe un tribunal supérieur à tous les tribunaux du monde, et qui, plus d'une fois, a cassé leurs arrêts, celui de l'opinion publique. Les proverbes sont la sagesse des nations, est-il dit; ce n'est pas sans raison que l'un d'eux renferme et consacre cette vieille sentence : *Vox populi, vox dei.*

C'est donc à l'opinion publique que je viens demander justice des jugemens rendus par le tribunal de commerce de Bayonne contre moi.

J'attendrai son arrêt avec la confiance de l'honnête homme, fort de ses actions et des motifs qui l'ont guidé. J'exposerai sans art, et avec la seule force que donne le sentiment de la vérité, par quelle circonstance, au moins extraordinaire, je me suis vu sommé de comparaître devant un tribunal, et comment je n'ai pu en appeler de son jugement à une juridiction plus élevée, plus impartiale, peut-être?

J'ai été condamné pour prétendues illégalités dans mes transactions avec des passagers que je devais faire transporter à Montévidéo. A ce sujet, les déclamations n'ont pas manqué contre la *traite des blancs* et sur le triste sort qui attend ceux de nos malheureux concitoyens, objet de cet *infâme commerce* sur les rives de la Plata. Nous apprécierons à leur juste valeur ces philanthropiques déclamations.

Si les faits qu'on allègue contre l'émigration étaient exacts, si je fournissais des moyens de transport à des insensés, qui, à ma connaissance, iraient trouver sur les bords où je les transporte, la misère, l'esclavage et la mort; si, plus criminel encore, abusant de l'inexpérience de ces malheureux, j'employais, comme on n'a pas craint de le dire, pour les arracher au toit paternel, la séduction, la captation, le mensonge revêtu de toutes les couleurs de l'espérance; si, une fois jetés sur ces rivages étrangers, la plainte leur était défendue; si on les forçait à trahir les sentimens les plus chers de la nature pour attirer d'autres victimes dans ce piége infernal :

Oh! alors, le ministère public aurait dû me traduire devant une plus haute juridiction, devant la cour d'assises : je ne recule ni devant le mot, ni devant toutes les conséquences du fait. —Dans des circonstances d'une telle gravité, un jugement rendu par un tribunal de commerce deviendrait ridicule, et M. Lanne devrait par tous ses moyens, par tous ses efforts, comme homme, comme magistrat et comme chrétien, provoquer toute la rigueur des lois pour me frapper; je serais plus coupable que le négrier, plus que le forban, sans avoir leur courage.

Car ce ne sont pas leurs compatriotes qu'ils prennent pour objet de leurs criminelles spéculations, et je ne cours pas les dangers auxquels ils s'exposent. Mais heureusement le tableau si sombre, tracé par M. Lanne, ne ressemble pas plus à la vérité que le jour à la nuit; c'est ce que j'ose me flatter de mettre dans la plus parfaite évidence.

Les intérêts généraux devant, et avec raison, avoir le pas sur les intérêts particuliers, je m'occuperai de l'émigration pour Montévidéo, avant d'arriver à ce qui m'est personnel.

Les premières conditions d'existence et de durée pour tout établissement colonial sont :

> La fertilité du sol ;
> La salubrité du climat ;
> La sécurité et l'indépendance du colon.

Nous avons donc à examiner si la colonie française qui s'est formée dans la République de l'Uruguay réunit ces conditions ; car, ainsi que je viens de le dire dans l'avertissement qui précède, en fournissant des moyens de transport à des hommes que je saurais devoir être malheureux dans la nouvelle patrie qu'ils auraient adoptée, je justifierais et mériterais les accusations qu'on a portées contre moi.

S'il est une preuve évidente de fertilité, c'est, on en conviendra, l'abondance du bétail que nourrit la terre, même abandonnée des secours de l'industrie humaine : la richesse proverbiale des prairies de la Suisse, de l'Angleterre, de la Normandie en fait foi. Or, il n'y a pas de pays au monde où les bestiaux de toute espèce se trouvent en plus grande quantité et de meilleure qualité que sur les rives de la Plata. Les immenses plaines qui entourent Montévidéo sont couvertes de troupeaux dont le nombre semble s'augmenter chaque jour, malgré l'énorme consommation que l'on en fait; consommation telle, qu'il arrive souvent au colon de tuer des bêtes à cornes seulement pour en avoir la peau, le suif, les os et les autres matières qui entrent dans le commerce. — Quant à la chair, elle est vendue à vil prix et souvent même abandonnée sur le sol où l'animal a été abattu.

On conçoit que les heureux propriétaires d'un sol où le bien leur arrive en dormant, puisque la nature se charge de produire sans le secours de l'homme, se livrent plus qu'en aucun autre pays du monde aux douceurs du *far niente* italien; aussi les indigènes des bords de la Plata ont-ils une réputation de paresse la mieux établie et la mieux méritée. On concevra non moins facilement quelles ressources un tel pays doit offrir à l'industrie et à l'activité européennes.

La terre, qui se couvre d'abondans pâturages dans ces contrées, ne refuserait pas au laboureur les divers produits qu'il obtient d'autres terres moins favorisées de la nature; ce qui, du reste, résulte des quelques expériences qui ont été faites à cet égard, et les nombreux cours d'eau qui entretiennent sa fertilité offrent à l'industrie des ressources faciles pour l'établissement d'usines de tous genres.

Il résulte encore de la richesse naturelle du pays, de l'indolence des propriétaires, que tout ce qui concerne l'agriculture et l'industrie est confié à des mains étrangères.

Le gouvernement de l'Uruguay a si bien compris la nécessité de faire appel à des hommes plus actifs que ses administrés naturels, qu'à diverses reprises il a voté des sommes très-fortes et accordé de grands priviléges pour les artisans et cultivateurs de tout pays qui viendraient s'établir dans la République.

S'y trouvent-ils bien? S'y trouvent-ils mal? c'est ce que nous aurons à examiner plus tard. Quant à présent, il me suffit d'avoir résolu la première question que je me suis posée, en constatant un fait qui d'ailleurs est de notoriété publique, celui de la fertilité du sol de l'Uruguay.

La seconde question, à proprement parler, n'en est pas une; il est également notoire que peu de climats jouissent d'un air aussi pur, aussi doux, que celui qu'on respire sur les bords de la Plata.

La température n'y est pas plus élevée que dans le Midi de la France, et d'ailleurs se trouve considérablement modifiée par des brises de mer et par la fraîcheur qu'y répandent les nombreux courans d'eau dont le sol est arrosé. Il semble même que, par une faveur spéciale, cette température convienne à toutes les organisations humaines, car on a vu des marins et des passagers, forcés d'interrompre leur voyage pour cause de maladie, recouvrer promptement la santé soit à Buénos-Ayres, soit à Montévidéo, quel que fût le lieu de leur origine. Ce second point n'étant pas plus contestable que le premier, je vais passer au troisième, le seul qui puisse offrir matière à une discussion sérieuse.

Les émigrés de nos pays ont-ils trouvé autant de misère qu'on veut bien le dire, sur le territoire de l'Uruguay? Si l'on répond affirmativement, je demanderai alors comment il se fait que, depuis vingt-cinq ans et plus, l'émigration vers ces bords présentés comme si redoutables, n'ait pas discontinué; je demanderai pourquoi le gouvernement, qui paie tant d'agens pour être bien informé, n'a mis aucun obstacle à cette émigration, s'il sait qu'un sort funeste attend les émigrans; je demanderai enfin que l'on explique le silence des victimes, si victimes il y a.

On ne me répondra pas, ou l'on ne me répondra que par de vaines déclamations; mais les faits sont là pour prouver que l'immense majorité des émigrans a trouvé des destins plus heureux dans la nouvelle patrie qu'ils ont adoptée que dans celle qu'ils ont abandonnée. Je pourrais produire une foule de pièces à l'appui de cette assertion; mais comme on pourrait m'accuser de les avoir achetées ou inventées (la calomnie ne recule pas devant l'absurde), je préfère en appeler au témoignage d'un homme que je ne crois avoir jamais vu, ni connu directement ou indirectement : voici un fait qu'on est venu me citer au moment où j'écrivais ces lignes. M. Berronde, maître maçon à St-Esprit, mécontent de sa position, partit il y a trois ans pour Alger, où il croyait trouver des moyens plus fructueux d'exercer son industrie que dans son pays natal. On sait à combien d'illusions a donné lieu l'établissement de notre colonie naissante en Algérie. Celles de M. Berronde ne furent pas de longue durée; frustré dans ses espérances, il partit pour Montévidéo avec son épouse. Après deux ans à peine de séjour dans cette ville, il en est revenu avec assez de bénéfices pour faire honneur à d'anciens engagemens, réparer, embellir et augmenter la maison qu'il habite à St-Esprit, et présentement il se dispose à repartir avec quelques amis pour le lieu où la fortune lui a souri. M. Berronde est un honorable citoyen, d'un âge mûr, ayant une position faite; ses amis et compagnons de voyage se trouvent dans le même cas. Abandonneraient-ils cette position, briseraient-ils volontairement les liens si chers qui nous attachent à la patrie, s'exposeraient-ils aux périls d'une longue navigation, s'ils ne s'étaient assurés de trouver à leur arrivée une position meilleure que celle qu'ils abandonnent ? Personne ne le croira.

Je ne disconviendrai pas que, comme dans tous les pays du monde, il n'y ait des malheureux dans la République de l'Uruguay : partout la misère est le résultat de la paresse et de l'ignorance; mais toute proportion gardée, ils y sont moins nombreux peut-être que partout ailleurs.

La raison en est simple : dans un pays où les propriétaires du sol sont riches et paresseux, les moindres industries, le plus léger travail doivent être et sont fortement rétribués. Le salaire journalier d'un maçon, d'un charpentier, d'un serrurier, etc., etc., est de dix, même douze francs, et encore la journée est-elle interrompue par de longs intervalles de repos; les pâtres même gagnent jusqu'à cinq francs par jour. Or il est facile de concevoir que l'alimentation étant à vil prix dans toute l'étendue de la République, le cultivateur et l'ouvrier puissent y faire de nombreuses économies; et c'est ce qui arrive au plus grand nombre. S'il y a des exceptions, elles sont bien rares et ne peuvent être le résultat que de fausses spéculations ou d'inconduite. Dois-je être responsable de la moralité ou de la capacité des individus à qui je fournis des moyens de transport? Alors, qu'une loi vienne contraindre les entrepreneurs de diligences, de bateaux à vapeur, de toutes sortes de véhicules employés au service public, à demander des certificats de bonne conduite aux voyageurs, en même temps que leurs passeports ; je m'y conformerai.

Pour qui a étudié l'histoire des pays dont nous venons de parler, la sécurité des colons paraîtra chose fort hypothétique. Dans ces luttes incessantes qui ont fait naître et renversé vingt gouvernemens, depuis trente ans, sur les deux rives de la Plata, il semble impossible que les étrangers domiciliés dans le pays ne se soient pas ressentis des commotions qui l'agitaient. Cependant, sauf quelques exceptions infiniment rares, la tranquillité des colons n'a point été troublée. Voici le pourquoi de cette espèce de phénomène politique.

Les divers partis qui se sont disputé le pouvoir dans ces contrées, pendant la période que je viens d'indiquer, n'avaient aucun motif pour troubler dans leur industrie ou leurs entreprises commerciales des hommes sans prétentions aucunes à ce même pouvoir; et, au contraire, ils avaient une foule de raisons pour ménager les colons étrangers. C'est par eux qu'ils se procuraient des armes; c'est par eux que les indigènes recevaient les divers produits de l'Europe, qui sont si recherchés dans ces contrées lointaines; c'est par eux, enfin, qu'ils obtenaient les bienfaits d'une civilisation dont savent fort bien jouir ceux même qui n'en connaissent pas tout le prix. De plus, préoccupés de dissensions intestines, les partis évitaient surtout, et avant tout, de donner lieu à une intervention étrangère dans leurs querelles domestiques, en usant de procédés dont les victimes eussent pu faire exiger la réparation par les gouvernemens des diverses nations auxquelles elles auraient appartenu. Aussi, comme je l'ai dit, les colons Européens ont-ils vu passer vingt ou trente révolutions sur leurs têtes dans le même nombre d'années, sans que leur tranquillité personnelle en souffrît le moins du monde.

Voici donc les trois premières questions que je me suis posées, assez clairement résolues, ce me semble. Je laisse à d'autres le soin de traiter les grandes questions politiques qui se rattachent à l'établissement d'une colonie française dans l'Amérique Espagnole; colonie qui, ne coûtant rien à la mère-patrie, offrant au contraire à son commerce de nouveaux débouchés, devait, par les développemens qu'elle avait pris et qu'elle continuait de prendre, contribuer aux progrès de nos industries et de notre marine marchande. Les hommes qui s'occupent de nos affaires gouvernementales auront à examiner de quelle importance il est pour la France de ne pas perdre entièrement, ou même laisser diminuer l'influence que lui avait donnée l'établissement de cette colonie naissante.

J'ai dit que la tranquillité des colons avait été respectée au milieu des tourmentes qui ont agité les pays dont il est question. Les causes de cette tranquillité subsistant toujours, produiront nécessairement les mêmes effets, quel que soit le résultat de la lutte qui vient de s'engager entre Buénos-Ayres et Montévidéo (1). Mais il peut fort bien arriver que cette dernière étant plus faible que sa rivale, se décide à implorer la médiation de quelqu'une des grandes puissances maritimes de l'Europe. Ce ne sera certainement pas celle de la France, qui, dans les affaires d'Orient et tout récemment dans ses démêlés avec la République Argentine, s'est conduite, j'ai regret d'être obligé de le dire, de manière à inspirer peu de confiance à ses alliés. Ce sera donc à l'Angleterre que le gouvernement de l'Uruguay s'adressera.

---

(1) Depuis que nous avons écrit ces lignes, nous avons appris que nos prévisions s'étaient réalisées et qu'un arrangement, provoqué par la France et l'Angleterre, a détruit sans retour les inquiétudes qu'on aurait pu concevoir sur la tranquillité de notre colonie française à Montévidéo.

Alors que deviendra l'influence française dans ce pays? Evidemment elle sera remplacée par l'influence anglaise, et tous les avantages commerciaux que nous étions en droit d'espérer passeront à nos voisins et rivaux d'outre-mer. Je ne m'étendrai pas davantage sur ce sujet, que je me contente d'indiquer aux méditations de nos hommes d'état. Quant aux changemens que la réalisation de ces hypothèses pourrait amener dans la condition des cultivateurs et artisans de nos pays, qui sont allés se fixer à Montévidéo, ils ne peuvent être bien considérables. Partout, et sous tous les gouvernemens, il faut des ouvriers. D'ailleurs, les ministères ne sont pas inamovibles en France, et ce que le dernier a fait de préjudiciable aux intérêts de la colonie française de l'Uruguay, peut être réparé par un autre plus soucieux des intérêts nationaux. Il me suffit, quant à présent, d'avoir suffisamment établi l'exactitude de ce que j'ai avancé au sujet des avantages que présente à nos compatriotes la colonisation des rives de la Plata.

Mais, répondront M. Lanne et les dialecticiens de son école, ces avantages, fussent-ils aussi grands que vous le dites, seraient le partage exclusif de quelques colons fortunés qui exploiteraient non-seulement le sol et ses produits, mais encore les sueurs et l'industrie de la foule indigente des émigrans, qu'une convention aussi barbare qu'immorale soumet, pour eux, à l'état d'esclavage.

Là, véritablement, est la question.

Oui, là est la question; et je l'aborderai avec la franchise qui, j'ose le dire, fait le fond de mon caractère.

D'abord, il n'est pas exact, j'ose même dire qu'il est complétement faux, je vais le prouver, que la position des colons pauvres à l'égard des riches soit telle qu'on veut bien la peindre. Depuis vingt-cinq ans l'émigration n'a cessé de s'accroître, et chaque jour elle prend de nouveaux développemens. Si les premiers colons pauvres et ceux qui les ont suivis eussent trouvé la misère et l'esclavage aux lieux où ils allaient chercher un bien-être qu'il ne trouvaient pas dans leur patrie, encourageraient-ils, comme ils le font chaque jour, leurs parens et amis à venir partager des destins dont eux-mêmes auraient à gémir? Ces encouragemens, dira M. Lanne, ne prouvent rien, car ils sont imposés par la crainte ou achetés à vil prix aux premières victimes d'une odieuse spéculation pour en attirer d'autres dans le piége.

Toujours des déclamations dépourvues de preuves! des mots vides de sens à la place de raisons! M. Lanne paraît affectionner cette manière d'argumenter; mais je doute fort qu'elle puisse convenir aux personnes de bon sens.

L'émigration date des premiers jours de la restauration, s'est continuée jusqu'à ce jour, et ne paraît pas devoir s'arrêter de sitôt. Elle a donc vu passer plusieurs gouvernemens en France. Les émigrans malheureux, et assez pauvres pour ne pouvoir subvenir aux frais de retour dans leur patrie, ne se seraient-ils pas adressés aux divers chefs de l'état qui se sont succédé, et aux chambres pour en obtenir ces moyens de retour qui leur auraient manqué? Chacun sait qu'il y a tous les ans, au budget, de fortes sommes allouées pour fournir aux infortunés que la misère surprend à l'étranger, des moyens de rentrer en France. Certes, jamais réclamation n'aurait été mieux fondée, et l'on ne peut douter qu'elle eût été accueillie quand on sait que le gouvernement a maintes fois frété des bâtimens pour aller à la recherche de quelques pauvres naufragés que l'on supposait s'être réfugiés, après leur désastre, sur des rives lointaines. Comme l'émigration française se compose en grande partie de familles de notre pays Basque, nous aurions vu arriver par bandes nombreuses ces infortunés, objet de la touchante compassion de M. Lanne; ils auraient raconté leurs souffrances, nous aurions vu leur dénuement, un concert de malédictions se serait élevé contre les auteurs de leur ruine, qui, alors, eussent pu justement être accusés, à qui on aurait été en droit de réclamer des réparations. En a-t-il été ainsi? (1)

Non, sera bien forcé d'en convenir M. Lanne; mais pour ne pas paraître réduit au silence, il dira, toujours sans preuves, qu'il ne faut en accuser que l'ignorance des pauvres émigrés qui ne se doutent pas que cette planche de salut soit à leur disposition.

Quoi! depuis vingt-cinq ans n'y a-t-il pas eu toujours des agens du gouvernement dans les républiques de l'Amérique Espagnole, pour veiller aux intérêts de leurs co-nationaux? N'auraient-ils pas reçu des multitudes de réclamations? et, à défaut, n'eût-il pas été de leur devoir de rendre compte à leur gouvernement, pour qu'il prît des mesures en conséquence, des misères que leur mission était de prévenir ou de réparer, si ces misères eussent existé. Ici même, à Bayonne, où les embarquemens pour Montévidéo sont si fréquens et ont lieu en plein jour, n'y a-t-il pas une foule d'administrateurs zélés pour le bien public, qui ont dû faire connaître à l'autorité supérieure les pro-

---

(1) Et d'ailleurs, l'exemple que nous avons cité de M. Berronde, répond pour nous d'une manière victorieuse. Il est aussi bon Français sans doute que M. Lanne, et s'il connaissait quelques-uns de ses compatriotes opprimés aux rives de la Plata, il ne manquerait pas de dénoncer le fait à son pays. Je pourrais citer, par centaines, d'autres exemples du même genre; si je m'en abstiens, c'est de peur qu'une si longue énumération ne paraisse fastidieuse.

grès continuels que fait l'émigration. Le gouvernement, si les assertions de M. Lanne étaient vraies, n'y aurait-il pas mis obstacle? Il ne l'a pas fait; donc les assertions de M. Lanne sont aussi fausses en principe, que malveillantes en ce qui me concerne personnellement.

Passons maintenant au point culminant de l'accusation, à ce contrat *léonin*, dit M. Lanne, que je fais signer à mes passagers.

Si l'on veut bien l'examiner sans prévention, on prouvera que, sous une autre forme, c'est purement et simplement une lettre de change. Cette dernière, il est vrai, ne contient pas la stipulation écrite du cas d'emprisonnement pour le débiteur qui en refuse le paiement au jour convenu; mais, dès qu'il ne peut ignorer que la conséquence du refus sera la perte de sa liberté, il prend donc, par le fait, envers son créancier, précisément les mêmes engagemens que ceux stipulés dans ma convention avec les passagers que je fais transporter à Montévidéo. Toute la différence entre le contrat qu'ils passent avec moi et la lettre de change, est que, dans l'une, la condition de se soumettre à la perte de sa liberté, en cas de non paiement, n'est point écrite, et que, dans l'autre, elle l'est. Dans les deux cas, la position du débiteur est exactement la même. C'est ce que ne peut ignorer M. Lanne, qui, en sa qualité de président du Tribunal de Commerce, a dû se trouver souvent dans la nécessité de faire l'application des lois qui régissent la matière; c'est-à-dire, d'envoyer en prison les débiteurs qui ne pouvaient ou ne voulaient payer à l'époque convenue. Souscrire à ordre, c'est aliéner volontairement sa liberté et se soumettre à sa perte dans un cas donné. L'apparente rigueur des clauses du contrat si violemment incriminé devrait, doit être considérée comme une preuve évidente de la loyauté de mes opérations. Je ne cache rien, parce qu'il n'y a rien dans mes actes qui redoute la lumière.

Qu'un usurier comme nous en connaissons tous, comme M. Lanne doit en connaître, entraîne à leur ruine et fasse jeter sous les verroux le jeune prodigue, le commerçant mauvais spéculateur, le propriétaire dans l'embarras, que la nécessité fait tomber dans ses filets d'airain; oh ! alors la misère et la prison n'étant pas formellement écrites dans les engagemens qu'il leur a fait souscrire, cet usurier sera un fort honnête homme que l'on honorera en raison de la quantité de dépouilles qu'il aura enlevées à ses victimes. Moi, au contraire, j'explique clairement, je fais toucher du doigt les conséquences des engagemens que je soumets à l'adoption volontaire des contractans, et encore n'est-ce que dans des cas infiniment rares, cinq ou six fois au plus, que je me suis vu forcé de me servir des droits qu'ils me donnent. Il y a encore cette différence entre moi et l'usurier, que celui-ci ne lâche ses victimes qu'après avoir, comme un vampire, sucé tout leur sang, et que moi je ne suis jamais plus satisfait qu'en voyant prospérer les malheureux auxquels j'ai fait quelques avances : pour cela, je ne néglige aucun des moyens qui sont en mon pouvoir, soit par d'utiles recommandations, soit en fournissant directement de l'ouvrage et des instrumens de travail à qui veut travailler. D'après ce parallèle, on peut apprécier les déclamations de M. Lanne. Ce n'est point sur l'usurier que tomberont les foudres de la sainte indignation, c'est sur moi.

Encore un mot sur le contrat en question. La clause par laquelle je me réserve des moyens de contrainte à l'égard des hommes qui ont pris les engagemens dont il vient d'être parlé, ne concerne évidemment que ceux qui, par la fuite ou par paresse, tenteraient de s'y soustraire; quant aux ouvriers laborieux, je suis, comme je l'ai dit, heureux de les voir prospérer, et loin de les tenir dans un état de captivité, s'il se trouve chez quelqu'autre colon des occupations plus utiles que celles que je puis leur offrir directement, je m'empresse d'en faire profiter ceux de mes débiteurs qui peuvent s'y livrer.

Mais, ne dois-je pas prendre des garanties contre l'inconduite et le vol ? Ne dois-je pas prévoir le cas où quelques mauvais sujets, comme il s'en glisse partout, chercheraient à se dérober à leurs engagemens, soit par la paresse qui conduit à la mendicité, soit par la fuite en emportant les instrumens de travail que je leur aurais confiés comme moyens de s'acquitter envers moi ? Personne ne s'avisera sans doute de soutenir une si étrange prétention. C'est donc, comme je viens de le dire, uniquement contre l'inconduite et le vol que sont dirigées les clauses coërcitives contre lesquelles s'est, avec tant d'ardeur, élevé M. Lanne au nom de la morale publique; quant à l'ouvrier actif et honnête homme, son salaire est si élevé qu'il parvient bientôt à rembourser ses frais de voyage; dès-lors, il devient aussi libre et indépendant qu'on puisse l'être en aucun pays du monde (1).

Venons au procès qui a donné lieu à cette dis-

---

(1) Des passagers Basques arrivant de Montévidéo ont apporté la nouvelle que, depuis l'arrangement conclu entre le gouvernement de cette ville et Rosas, les affaires un moment ralenties par la crainte d'une guerre, ont repris avec une nouvelle ardeur et le prix de la main d'œuvre est encore augmenté.

cussion, et la tâche que j'ai entreprise sera terminée. Elle aura été facile et pénible en même temps; facile, parce que, fort de mon droit et de la pureté de mes intentions, je n'avais qu'à présenter la vérité dans tout son jour pour me justifier; pénible, parce que si mensongère et absurde que soit une accusation, il en coûte toujours d'avoir à la combattre, même avec certitude d'en triompher, surtout quand on a affaire à des hommes qui semblent avoir pris pour devise la fameuse maxime des Jésuites : *Calomniez! calomniez! La blessure guérit, mais la cicatrice reste.*

C'est en 1838 que mon frère et moi fîmes notre première expédition, pour le transport des passagers à Montévidéo; expédition qui fut suivie de plusieurs autres. Des discussions s'étant élevées sur le nombre des passagers que devaient contenir nos bâtimens, une commission le détermina dans la proportion relative de leurs dimensions, et il faut bien que son travail ait été consciencieux puisque nous n'avons eu à déplorer, dans nos divers voyages, aucun des accidens qui résultent de l'encombrement.

Il y a quelque temps, la *Marie-Catherine* et l'*Auguste-Victorine* étaient au moment de leur départ lorsque l'administration de la Marine m'enjoignit l'ordre de faire débarquer un certain nombre de passagers.

Cependant je m'étais strictement conformé à la règle établie et suivie jusqu'alors, sans donner lieu à aucune plainte. J'étais si loin de penser qu'à deux ans d'intervalle des calculs justifiés par l'expérience pussent être modifiés, que je fus le premier à proposer à la Marine de nommer une commission comme la première, et de me soumettre à sa décision.

Mon attente fut trompée : la commission de 1840 adopta une base autre que celle de 1838, et sans que rien pût justifier ni motiver ce changement, indiqua comme nécessaire à chaque homme un espace plus grand que celui prescrit par la commission précédente. Elle fit plus; elle fut d'avis de m'imposer des obligations auxquelles jusque-là personne n'avait été assujetti, et sa décision ne me fut signifiée qu'au moment même où les navires allaient mettre à la voile. On fit débarquer brusquement un certain nombre de passagers, sans même que la plupart d'entr'eux pussent emporter leurs effets, et les navires s'éloignèrent.

C'est au dernier moment, il faut bien le remarquer, qu'eut lieu cette intervention de l'autorité; si j'avais été prévenu qu'elle avait adopté de nouvelles bases pour l'emménagement des passagers et qu'elle me les eût fait connaître en temps utile, je m'y serais conformé, je me serais bien gardé de me mettre en contravention à des réglemens dont j'aurais connu l'existence; mais nul avertissement verbal ou écrit ne m'ayant été donné, je me trouvais dans un de ces cas de force majeure que personne ne peut prévoir, et dont j'étais en droit de décliner la responsabilité.

Je ne le fis point; je me chargeai spontanément de réparer des torts, qui, on vient de le voir, étaient ceux de l'autorité maritime et non les miens. Les passagers débarqués étant presque tous de pauvres gens que le départ des navires d'où ils avaient été violemment expulsés laissait sans aucune ressource, je considérai plutôt leur position que mon droit, leurs besoins que mes intérêts, et je leur proposai de les nourrir et loger jusqu'au prochain départ d'un navire qui prenait alors son chargement au Passage pour Montévidéo.

Le plus grand nombre accepta, quelques-uns demandèrent l'annulation du traité de transport, et la résiliation eut lieu immédiatement.

Tels sont les faits. Je ne réclame point d'éloges pour ma conduite dans cette circonstance, mais j'étais loin de m'attendre que l'on pût m'en faire un crime. Y a-t-il là de quoi motiver les reproches de cupidité et d'insensibilité que M. Lanne m'a prodigués, tant au tribunal que dans les journaux, avec une profusion qui fait plus d'honneur à son imaginative qu'à ses lumières?

Guidés par leur bon sens naturel, nos compatriotes passagers avaient facilement compris que je ne pouvais être responsable des conséquences d'un incident que je n'avais pu prévoir ni empêcher.

Deux individus de Tarbes, pourtant, formèrent exception en présentant au Tribunal de Bayonne une requête dans laquelle disant que, sans doute, j'avais pris plus de passagers qu'il ne m'était permis par les réglemens maritimes; qu'ainsi c'était par mon fait qu'ils éprouvaient les graves préjudices résultant de la rupture de leur voyage; ils demandaient que je fusse condamné à des dommages et intérêts envers eux.

En bonne justice, le seul point à traiter était celui du cas de force majeure. Pour cela il fallait une enquête. Est-ce ainsi que le tribunal a procédé?

Oh! le tribunal de M. Lanne a des lumières que n'ont pas beaucoup d'autres assurément. Il a vu, tout d'abord, qu'il y avait immoralité dans les conventions que je n'impose pas, il faut bien le remarquer, mais que je présente à l'adoption toute volontaire des passagers, et laissant de côté le bon sens et la loi, confondant toutes les notions connues du juste et de l'injuste, il a écarté la seule question, celle de l'enquête, qui dût être traitée, prononcé l'annulation, qu'on ne lui demandait pas, d'un contrat synallagmatique, et enfin, il faut encore remarquer ceci, m'a condamné à des dommages et intérêts dont le taux, quoique très-élevé, ne l'était pas assez pour me permettre le recours devant un autre tribunal.

Je me suis donc trouvé dans cette étrange situation que j'ai eu à me plaindre et d'avoir été condamné, puisque je n'ai pas mérité de condamnation, et de ce que cette condamnation ne comprenait pas un chiffre de dommages assez fort pour me permettre l'appel devant un autre Tribunal plus impartial ou plus éclairé que celui de Bayonne.

Il semble que, dans la décision du tribunal contre moi, tout dût être contradiction et illégalité; contradiction, puisque je suis condamné à des dommages et intérêts en vertu d'un contrat dont on proclame la nullité; illégalité, puisque ce contrat ayant été souscrit volontairement, le tribunal ne pouvait juger une matière qui n'était pas soumise à sa juridiction.

Les plaignans me demandaient des dommages et intérêts pour ne pas les avoir fait partir au temps convenu, et l'on me condamne pour avoir voulu les faire partir. Ai-je eu tort de dire qu'il y avait en même temps illégalité et contradiction dans les jugemens qui m'ont frappé? Aussi, qu'est-il arrivé? Les hommes au bénéfice desquels ces jugemens ont été rendus, se sont chargés eux-mêmes de donner un éclatant démenti au tribunal de Bayonne, en allant s'embarquer à Bordeaux pour Montévidéo avec l'argent qu'on m'a forcé de leur payer pour avoir voulu les embarquer à Bayonne.

J'ai répondu d'avance à l'accusation d'avoir sciemment embarqué plus de passagers que le navire n'en devait recevoir, d'après les réglemens adoptés à mon insu, pour remplacer ceux qui avaient servi de base à mes précédentes opérations; et pourtant, qui le premier devait être prévenu de ce changement si ce n'est l'entrepreneur de transports, l'armateur, le capitaine du navire? Dans l'intérêt même des familles émigrantes, ne convenait-il pas de donner la plus grande publicité aux nouvelles mesures que venait de prendre l'administration maritime, afin d'épargner à ces familles les pertes de temps et faux frais qu'entraîne nécessairement leur ignorance à cet égard. Les lois dont le législateur a négligé de faire connaître l'existence sont-elles obligatoires? Oui, répondront M. Lanne et son tribunal; non, répond la raison, et répondra, j'espère, l'opinion publique. Il est évident que s'il y a une responsabilité à encourir, ce n'est pas sur moi qu'elle doit retomber, mais sur l'autorité qui cache sous le boisseau la lumière dont l'entretien lui est confié.

Que l'administration eût donné, comme c'était son devoir, la publicité nécessaire à l'acte par lequel se trouvaient modifiés ses premiers réglemens : point de contravention de ma part; conséquemment, point de procès.

Je le demande encore une fois, je le demanderai mille, de quel côté sont les torts dans cette affaire?

Mais si on supprime la contravention, on supprime le procès; donc on supprime, et ce serait grand dommage, les éloquentes déclamations de notre Salomon Bayonnais, de M. Lanne. Que prouvent ses doléances au fond, faut-il le dire? Que, par suite de l'émigration, le nombre des ouvriers misérables ayant diminué, il y a eu augmentation dans le prix du travail et que M. Lanne s'est vu obligé d'élever de quelques centimes le salaire journalier des gens qu'il occupe à l'exploitation de ses vastes propriétés. *Indé iræ*. De là vient cette grande colère contre l'émigration, et qui n'est au fond que de l'égoïsme caché sous le masque de la philanthropie.

Ai-je touché juste, M. Lanne?

Je crois avoir répondu à toutes les accusations, à toutes les calomnies auxquelles mes entreprises de transport ont donné lieu. Je saurais repousser de nouvelles attaques, car j'ai la conscience de n'avoir jamais rien fait, comme homme et comme négociant, que personne ne puisse avouer; mais, afin d'en finir avec toutes les accusations, déclamations, calomnies, présentes et futures, je prends l'engagement positif et formel de produire des pièces légalisées par les autorités de la République de l'Uruguay, ainsi que par les consuls des diverses puissances européennes, résidant à Montévidéo, constatant qu'il n'y a pas un mot de mon mémoire qui ne soit conforme à la plus exacte vérité.

www.ingramcontent.com/pod-product-compliance
Lightning Source LLC
Chambersburg PA
CBHW060518050426
42451CB00009B/1051